Frauke Wietzke

Das Lesetagebuch für Sachtexte

Kopiervorlagen zur selbstständigen Texterschließung

3./4. Klasse

Persen Verlag

Die Autorin:

Frauke Wietzke studierte Erziehungswissenschaften sowie die Fächer Deutsch und Wirtschaft/ Politik für das Lehramt an Grund- und Hauptschulen. Während ihrer Zeit im schleswig-holsteinischen Schuldienst war sie unter anderem als Lehrerin und Mentorin für das Fach Deutsch tätig. Seit mehr als zwei Jahrzehnten ist sie am Landesinstitut als hauptamtliche Studienleiterin für das Fach Deutsch in Aus- und Fortbildung eingebunden. Daneben war sie an der Konzeption des Lehrplans sowie an der Entwicklung der KMK-Bildungsstandards für die Primarstufe beteiligt und leitete das fächerübergreifende Projekt zur Implementation der Bildungsstandards in Schleswig-Holstein. Als IQSH-Landesfachberaterin für das Fach Deutsch unterstützt die Autorin schulart-übergreifend die Schulen bei der Umsetzung langfristiger wie auch aktueller bildungspolitischer Vorgaben und fachdidaktischer Notwendigkeiten – einschließlich diverser Formen externer Lernstandsermittlung und zentraler Abschlussarbeiten.

Gedruckt auf umweltbewusst gefertigtem, chlorfrei gebleichtem und alterungsbeständigem Papier.

© 2013 Persen Verlag, Hamburg
AAP Lehrerfachverlage GmbH
Alle Rechte vorbehalten.

Grafik: Julia Flasche
Satz: Satzpunkt Ursula Ewert GmbH, Bayreuth

ISBN 978-3-403-23278-0

www.persen.de

Inhaltsverzeichnis

Lesen braucht Begleitung!

Lesen ermöglicht die Teilhabe an kultureller Praxis, unterstützt das Lernen in allen Fächern, fördert die Persönlichkeitsbildung und eröffnet Räume für den Wissenserwerb, für Unterhaltung und Genuss. Voraussetzung dafür ist jedoch in jedem Fall ein erfolgreicher Lesekompetenzerwerb, der Lesen als einen sehr individuellen Prozess erfahrbar macht.

So wird bei der Erschließung von Texten immer wieder deutlich, dass Lesemotivation und subjektive Involviertheit im Zusammenhang mit Vorwissen und Interesse an der Thematik des Textes eng miteinander verwoben sind. Angesichts derart komplexer individueller Voraussetzungen bieten sich für die selbstständige Texterschließung Konzepte von Lesebegleitung an, die es den Schülerinnen und Schülern ermöglichen, ihren selbst gewählten oder auch vorgegebenen Text individuell zu nähern und sich ihren Inhalt dann systematisch zu erarbeiten.

Der vorliegende Band enthält ein Aufgabenangebot zur Erschließung von Sachtexten und repräsentiert wesentliche Lesestrategien.

Zu den drei Phasen „Vor dem Lesen", „Während des Lesens" und „Nach dem Lesen" bedient der Lesebegleiter auf der Ebene der drei Anforderungsbereiche der KMK-Bildungsstandards diesen Ansatz mit einer Vielfalt unterschiedlich schwieriger Aufgaben, die auch durch eigene noch ergänzt und in einem individuellen Tempo bearbeitet werden können. Entscheidend ist jedoch, dass diese Aufgaben wesentliche Lesestrategien abbilden, die bei häufigerem Gebrauch solcher Lesebegleiter internalisiert und so zu einem ständig verfügbaren Handlungsrepertoire werden. Auf diese Weise leisten Lesebegleiter wie dieses Lesetagebuch einen wertvollen Beitrag zur Entwicklung von Lesekompetenz und Lesemotivation und eröffnen im Sinne kultureller Teilhabe auch tatsächlich die o. g. vielfältigen Möglichkeiten des Lesens.

Frauke Wietzke: Das Lesetagebuch für Sachtexte
© Persen Verlag

Mein Lesetagebuch für Sachtexte

Liebe Schülerin, lieber Schüler,

dies ist dein eigenes Lesetagebuch. Vor dir liegt ein Sachtext, den du aus Büchern, Zeitungen, Zeitschriften, Lexika oder aus dem Internet selbst ausgewählt hast oder den deine Lehrerin/dein Lehrer dir vorgeschlagen hat. Du wirst den Sachtext nun lesen und selbstständig bearbeiten – begleitet von vielen verschiedenen Aufgaben aus deinem Lesetagebuch, aus denen du auch auswählen kannst. Zusätzlich kannst du dir auch selbst Aufgaben ausdenken und eigene Seiten, Fotos oder Bilder hinzufügen.

Was passiert dabei?

- Du erinnerst dich an das, was du schon über das Thema weißt.
- Du erfährst etwas Neues.
- Dich interessiert das Thema.
- Du suchst nach weiteren Informationen.
- Du willst noch andere Texte zum Thema lesen.

Ist dein Lesetagebuch fertig, stelle es anderen vor und sprich mit ihnen darüber, beantworte Fragen dazu und überlege, wie du dich weiter mit dem Thema beschäftigen möchtest.

Zusätzlich zu den Aufgaben im Lesetagebuch kannst du andere eigene Ideen nutzen, um deinen Sachtext noch besser zu verstehen, z. B. einzelne Sachverhalte grafisch und bildnerisch darstellen oder weitere Informationen hinzufügen.

Viel Freude beim Lesen

Deine/Dein _____

Welche Aufgaben erwarten dich?

Du kannst zum Beispiel

- deine eigenen Fragen an den Sachtext stellen
- dein Vorwissen zum Thema einbringen
- deine Erwartungen an den Text aufschreiben
- dich zu einem Thema genauer informieren
- überprüfen, ob du den Sachtext verstanden hast
- mehr über das Thema erfahren
- Begriffe hinterfragen und klären
- den Sachverhalt als Bild oder Zeichnung darstellen, Fotos oder andere Texte dazu sammeln
- herausfinden, was das Thema mit deinem Leben zu tun hat
- dir eine eigene Meinung zum Thema bilden
- andere für den Sachtext begeistern
- weitere Texte zum Thema finden
- andere über den Sachtext informieren und Fragen zum Thema beantworten

Wie kannst du mit dem Lesetagebuch arbeiten?

Die Aufgaben im Lesetagebuch müssen nicht alle bearbeitet werden. Sie können als Pflicht- oder Wahlaufgaben gekennzeichnet werden. Das entscheidest du allein oder gemeinsam mit deiner Lehrerin oder deinem Lehrer.

 Damit du einen Überblick hast, kannst du die erledigten Aufgaben abhaken.

Außerdem kannst du

- allein arbeiten
- zu zweit arbeiten
- deine Ergebnisse anderen vorstellen
- dir selbst weitere Aufgaben ausdenken
- etwas hinzufügen, zum Beispiel
  – Fotos
  – andere Texte
  – Zeichnungen
  – Notizen

 Dieses Symbol bedeutet immer schreiben.

Mein Lesetagebuch für Sachtexte

Was ist noch zu bedenken?

Viele Sachtexte enthalten noch Zeichnungen, Fotos, Grafiken, Karten oder Listen, die den Text ergänzen, verdeutlichen oder sogar noch weitere Angaben enthalten. Sie gehören in jedem Fall zum Text dazu und müssen ebenfalls bearbeitet werden.

	Text	Zeichnungen, Fotos, Grafiken, Karten oder Listen
1	Den ganzen Text überfliegen: Worum geht es in diesem Text?	…genau ansehen: Welche Angaben (Informationen) stecken darin?
2	Den ganzen Text genau lesen	Welche Informationen aus dem Text finden sich hier wieder?
3	Textabschnitte zu bestimmten Fragen lesen	Welche Angaben (Informationen) sind hier zusätzlich zum Text zu finden?
4	Den ganzen Text laut vorlesen	…überprüfen: Ergänzen sie den Text oder sind sie nur „Schmuck"?

Frauke Wietzke: Das Lesetagebuch für Sachtexte
© Persen Verlag

Mein Lesetagebuch für Sachtexte

1. Der Text

Welchen Text bearbeitest du mit deinem Lesetagebuch?

Titel: _____

Findest du eine Angabe zum Autor oder zur Autorin?

_____

Wo könnten andere den Text finden?
Kreuze an:

Der Text steht

☐ in einem Lexikon

☐ in einer Zeitschrift

☐ in einer Zeitung

☐ auf einer Internetseite

☐ in einem Buch über _____

☐ _____

2. Gedanken zum Thema

 Was fällt dir zu dem Thema deines Textes ein?
Fülle das Cluster aus.

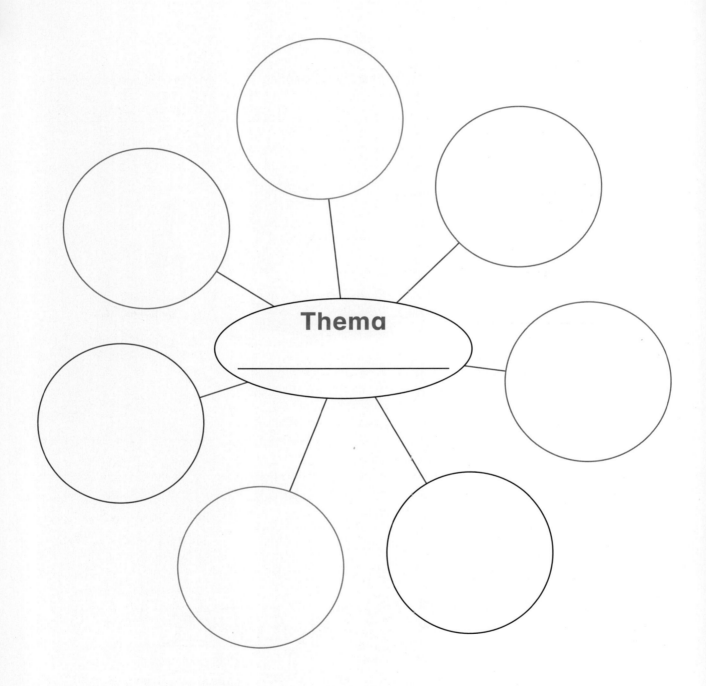

Thema

_____

Frauke Wietzke: Das Lesetagebuch für Sachtexte
© Persen Verlag

3. Das Thema

Worum geht es in diesem Text?
Notiere einige Stichpunkte.

Thema	Hilfen
	Was weiß ich schon über das Thema?
	In welchem Zusammenhang habe ich schon davon gehört?
	Was möchte ich über das Thema wissen?

Findest du zu diesem Thema noch etwas im Internet unter www.google.de?

4. Drei Fragen an den Sachtext

 Meine drei Fragen an den Sachtext:

_____

_____

_____

_____

_____

_____

_____

_____

_____

5. Lesen – erste Notizen

 Lies den Text.

Bei Kopien oder eigenen Büchern kannst du…

- beim ersten Lesen Zeichen am Rand notieren, z. B.:

!	Das interessiert mich.
✔	Das kenne ich.
?	Da hab ich noch Fragen.
☺	Darüber muss ich noch einmal nachdenken/reden.

- Wichtiges hervorheben durch:

  - Markieren
  - Unterstreichen
  - Notizen
  - Symbole
  - Abschnitte

Während des Lesens

Hinweis:
Wenn du das Buch wieder abgeben musst, helfen dir Klebezettel mit kleinen Notizen und Hinweisen, um schnell wieder den Überblick zu haben und wichtige Textstellen wiederfinden zu können.

6. Gedanken nach dem ersten Lesen

Was fällt dir spontan zum Text ein?
Fülle die Gedankenblasen.

Frauke Wietzke: Das Lesetagebuch für Sachtexte
© Persen Verlag

Mein Lesetagebuch für Sachtexte

7. Nachdenken über den Text

 Stimmt der Text mit meinem Wissen zum Thema überein?

Thema	Hilfen
	Was ist neu?
	Was ist anders?
	Was werde ich noch einmal gründlicher lesen?

Während des Lesens

8. Den Text erarbeiten

 Überblick:

Thema	Hilfen
	Was ist wichtig? Markiere die wichtigsten Textstellen.
	Was habe ich NICHT verstanden? Schlag nach!
	Was werde ich noch einmal gründlicher lesen?

Frauke Wietzke: Das Lesetagebuch für Sachtexte
© Persen Verlag

9. Zusammenfassung

 Fasse mit Zwischenüberschriften die Inhalte der einzelnen Abschnitte zusammen.

Abschnitt	Zwischenüberschrift
1	
2	
3	
4	
5	

Während des Lesens

10. Zeichnungen, Fotos, Grafiken, Karten oder Listen

Zeichnungen, Fotos, Grafiken, Karten oder Listen	Notizen
Welche Informationen stecken darin?	
Welche Informationen aus dem Text finden sich hier wieder?	
Welche Informationen sind hier zusätzlich zum Text zu finden?	
Sind die Informationen Ergänzung des Textes oder nur „Schmuck"?	

Frauke Wietzke: Das Lesetagebuch für Sachtexte
© Persen Verlag

11. Die Hauptsache

Beschreibe sie kurz.
Worum geht es vor allem in meinem Text?

12. Wichtige Begriffe

Welche Begriffe sind wichtig?
Schreibe sie auf und erkläre sie.

Begriff	Erklärung

Frauke Wietzke: Das Lesetagebuch für Sachtexte
© Persen Verlag

13. Textbewertung

1. Kreuze an.

Der Text ist vor allem

☐ informativ

☐ spannend

☐ unterhaltsam

2. Begründe deine Bewertung.

_____

_____

_____

_____

_____

_____

_____

_____

_____

_____

Nach dem Lesen

14. Ein Plakat zum Thema

Erstelle ein Plakat zu deinem Thema für andere, die sich auch für das Thema interessieren.

Frauke Wietzke: Das Lesetagebuch für Sachtexte
© Persen Verlag

15. Beeindruckendes

Was hat dich in deinem Sachtext am meisten beeindruckt/überrascht?

_____

_____

_____

_____

_____

_____

_____

_____

Nach dem Lesen

16. Berührungspunkte

Thema	Hilfen
_____ _____ _____	**Was hat das Thema mit meinem Leben zu tun? Wo kommt es vor?**
_____ _____ _____	**Wie beschäftige ich mich damit?**
_____ _____ _____	**Welche Wünsche habe ich in diesem Zusammenhang?**
_____ _____ _____	**Welche Textstellen passen zu den Berührungspunkten zwischen dem Thema und meinem Leben?**

Nach dem Lesen

Frauke Wietzke: Das Lesetagebuch für Sachtexte
© Persen Verlag

17. Entdeckung

 Im Text habe ich eine Information/eine Aussage entdeckt, die mich ganz besonders anspricht, weil …

Nach dem Lesen

18. Ein wichtiger Satz

 Welcher Satz ist dir besonders aufgefallen?

 Schreibe ihn auf.

_____

_____

_____

_____

_____

_____

Frauke Wietzke: Das Lesetagebuch für Sachtexte
© Persen Verlag

19. Fragen an den Sachtext

 Sind meine Fragen an den Text beantwortet?
Siehe Aufgabe 4.

Fragen	Antworten
1	
2	
3	

20. Änderungen

 Das würde ich gern am Text ändern:

Was?

_____

_____

_____

_____

Warum?

_____

_____

_____

_____

Frauke Wietzke: Das Lesetagebuch für Sachtexte
© Persen Verlag

21. Fantasien

Suche dir eine Stelle aus dem Text oder dem Foto/Bild/der Karte oder Ähnliches heraus und schreibe dazu deine Fantasien auf.

_____

_____

_____

_____

_____

_____

_____

_____

_____

22. Den Sachtext vorstellen

Du willst deinen Sachtext anderen vorstellen.
Schreibe einen Stichwortzettel zu den wichtigsten Informationen.

Frauke Wietzke: Das Lesetagebuch für Sachtexte
© Persen Verlag

23. Weitere Sachtexte

Zu welchem Thema möchtest du weitere Texte finden?

Mich interessieren Texte zu folgenden Fragen oder Themen:

Nach dem Lesen

24. Empfehlung

Dein Sachtext gefällt dir.

Schreibe für deine Klasse eine Empfehlung.
Bedenke:
Wie kannst du durch deine Empfehlung Interesse an deinem Sachtext wecken?

Frauke Wietzke: Das Lesetagebuch für Sachtexte
© Persen Verlag

27. Weitere Ideen

Wirst du andere Bücher zum Thema deines Sachtextes lesen?
Wenn ja, welche?

Frauke Wietzke: Das Lesetagebuch für Sachtexte
© Persen Verlag

Nach dem Lesen

28. Eigene Aufgaben zum Text

 Notiere deine Aufgaben.
Du solltest mindestens <u>zwei</u> Zusatzaufgaben erledigen.

Nummer	Meine Aufgaben	Erledigt am

Ideen für weitere Aufgaben:

1. eine Fotoreihe zum Thema
2. eine Ausstellung zum Thema
3. einen Sachtext zu einem anderen Thema schreiben
4. eine Fantasiegeschichte zum Sachtext schreiben
5. den Sachtext umschreiben: spannender, unterhaltsamer oder informativer
6. Zeichnungen, Bilder, Grafiken zum Sachtext

Frauke Wietzke: Das Lesetagebuch für Sachtexte
© Persen Verlag

29. Zum Abschluss

Hast du alle Aufgaben erledigt?
a) Überprüfe noch einmal deine Arbeitsergebnisse.

Aufgaben zum Lesetagebuch	Erledigt	Korrigieren!
Ich habe alle Arbeitsblätter und Aufgaben bearbeitet.	✔	✗
Ich habe Zusatzaufgaben gemacht.	✔	✗
Ich habe den Text verstanden.	✔	✗
Ich habe meine Aufgaben (nur da, wo es geht) in mein Tagebuch eingeordnet.	✔	✗
Ich habe meine Tagebuchseiten durch Bilder, Zeichnungen etc. ergänzt.	✔	✗
Ich habe mein Tagebuch gebunden, abgeheftet und gut aufbewahrt.	✔	✗
Ich habe mein Lesetagebuch vorgestellt.	✔	✗

b) Was möchtest du als Nächstes lesen?

_____

_____

_____

Frauke Wietzke: Das Lesetagebuch für Sachtexte
© Persen Verlag

Nach dem Lesen

30. Eigene Ideen

Platz für: Fotos – Zeichnungen – Aufgaben …

Nach dem Lesen

Mein Lesetagebuch für Sachtexte

Kriterien zur Bewertung

Die Bearbeitung der Aufgaben des Lesetagebuchs gibt Auskunft über den Stand des Kompetenzerwerbs der Schüler/-innen im Kompetenzbereich Lesen/Fach Deutsch.

Name: _____   Klasse: _____   Datum: _____

Anregungen/Kriterien zur Bewertung des Lesetagebuchs…

insgesamt

- **Äußere Gestaltung:**
  - Kreativität
  - Lesbarkeit
  - Übersichtlichkeit
  - Sauberkeit
- Anzahl der bearbeiteten Aufgaben
- Anzahl der zusätzlichen selbst gestellten Aufgaben
- Gesamteindruck der Erarbeitung eines individuellen Textverständnisses

bezogen auf einzelne Aufgaben[1]

- **Bearbeitung:**
  - Aufgabenbezug
  - Umfang
  - Sprachangemessenheit
  - Sprachrichtigkeit
  - Kreativität
  - Qualität der Bearbeitung:
    - Hier können die Tipps zur Erstellung und Überarbeitung als Kriterien für die Güte der Aufgabenbearbeitung herangezogen werden

[1] Die im Zusammenhang mit einzelnen Aufgabenstellungen entstandenen Texte können als Lernerfolgskontrolle mit Noten bewertet werden.

Notizen

Frauke Wietzke: Das Lesetagebuch für Sachtexte
© Persen Verlag

Sprachkompetenz gezielt fördern!